Leonhard Thoma

Der Ruf der Tagesfische
und andere Geschichten

Deutsch als Fremdsprache
Leseheft
Niveaustufe B2

Hueber Verlag

Worterklärungen und Aufgaben zum Text:
Kathrin Stockhausen, Valencia

Fotos:
Veronika Immler, München

Zeichnungen:
Gisela Specht, Weßling

Der Verlag weist ausdrücklich darauf hin, dass im Text enthaltene externe Links vom Verlag nur bis zum Zeitpunkt der Buchveröffentlichung eingesehen werden konnten. Auf spätere Veränderungen hat der Verlag keinerlei Einfluss. Eine Haftung des Verlags ist daher ausgeschlossen.

Das Werk und seine Teile sind urheberrechtlich geschützt.
Jede Verwertung in anderen als den gesetzlich zugelassenen Fällen bedarf deshalb der vorherigen schriftlichen Einwilligung des Verlags.

Eingetragene Warenzeichen oder Marken sind Eigentum des jeweiligen Zeichen- bzw. Markeninhabers, auch dann, wenn diese nicht gekennzeichnet sind. Es ist jedoch zu beachten, dass weder das Vorhandensein noch das Fehlen derartiger Kennzeichnungen die Rechtslage hinsichtlich dieser gewerblichen Schutzrechte berührt.

10. 9. 8.	Die letzten Ziffern
2027 26 25 24 23	bezeichnen Zahl und Jahr des Druckes.

Alle Drucke dieser Auflage können, da unverändert,
nebeneinander benutzt werden.
1. Auflage
© 2007 Hueber Verlag GmbH & Co. KG, München, Deutschland
Umschlaggestaltung: creative partners gmbh, München
Titelfoto: Veronika Immler, München
Layout und Satz: Kerstin Ramsteiner, Hueber Verlag, München
Redaktion: Maria Koettgen, Hueber Verlag, München
Druck und Bindung: Friedrich Pustet GmbH & Co. KG, Regensburg
Printed in Germany
ISBN 978–3–19–101670–8

Inhaltsverzeichnis

Nach dem Besuch 4

Der Ruf der Tagesfische 10

Ist meine Frau bei Ihnen? 23

Was war anders? 32

Worterklärungen 40

Übungen 45

Lösungen 55

Nach dem Besuch

1

Er sperrte die Tür auf, die Wohnung lag im Halbdunkel. Er machte zwei, drei Schritte in den Raum und ließ seine Tasche auf den Boden fallen. Tom hatte an alles gedacht: die Fenster zu und das Gas aus. Sie hatten sogar aufgeräumt, obwohl vorhin sicher nicht viel Zeit geblieben war. Auf dem Tisch standen drei Flaschen Wein und eine Espressokanne, davor eine Karte, ein Stift daneben.

Er öffnete das große Fenster zum Meer, das Morgenlicht flutete herein.

Einen Moment lehnte er sich hinaus, der Blick über die Dächer, am Horizont ein schmaler Streifen Meer, dunkelblau.

– *Ein kleiner Überfall,* sagte Tom, *vier oder fünf Tage, ich hätte Zeit, endlich, und im Moment gibt es so günstige Flüge nach Barcelona.*

– *Na also, dann mach doch, Tom. Ich habe dir ja gesagt: wann immer du willst.*

– *Super.* Tom zögerte einen Moment.

– *Ich würde allerdings nicht alleine kommen.*

– *Ist doch klar, Tanja auch. Ich freue mich doch. Ich habe sie ja auch schon ewig nicht mehr gesehen.*

Tom schwieg.

– *Platz ist auch da. Ihr könnt mein Zimmer haben, und ich schlafe dann auf der Couch im Wohnzimmer. Wirklich kein Problem.*

– *Das ist nett von dir,* sagte Tom, *aber … du weißt es ja noch gar nicht: Tanja und ich, wir sind gar nicht mehr zusammen.*

– *Ach so.*

– *Ja, schon seit ein paar Wochen. Dumme Sache, aber das erzähle ich dir lieber mal in Ruhe.*

– *Wie du willst.*

– *Ich wollte mit Mina kommen. Die kennst du ja auch.*

2

Der Fernseher, ausgesteckt im Regal. Sie hatten ihn offenbar nicht gebraucht. Er ging in die Küche, setzte Kaffeewasser auf. In der Spüle zwei leere Tassen, zwei Löffel, auf dem Boden in der Ecke leere Flaschen, Rotwein, Sekt.

– *Ja,* sagte er, *klar kenne ich sie.*
– *Hat sie mir erzählt. Sie würde sich auch freuen, dich wieder mal zu treffen. Das heißt, wenn dir das überhaupt recht ist.*
– *Natürlich, ich meine … das ist alles deine Sache. Natürlich kannst du sie mitbringen.*
– *Super. Und ich erzähle dir dann alles in Ruhe, wenn sie mal shoppen ist, okay?*
– *Na, da bin ich aber gespannt.*
– *Kannst du auch sein. Es ist wirklich viel passiert in diesem Sommer.*

Er nahm eine Plastiktüte, packte die Flaschen hinein und stellte sie an die Wohnungstür. Dann ging er ins Schlafzimmer. Die Matratze lag mitten im Raum, abgezogen, darauf verstreut Laken und Handtücher.

– *Wisst ihr schon, wann ihr kommen wollt?*
– *Ja,* lachte Tom, *ehrlich gesagt, wir haben uns schon ein Wochenende ausgesucht. Das letzte im Oktober.*
– *Das letzte im Oktober? Warte mal.*
– *Ja, so vom 25. bis zum 30. Vielleicht Freitagabend bis Mittwochmorgen, wenn das geht.*

Er schob die Matratze mit dem Fuß an die Wand zurück, nahm das Bettzeug und trug es ins Bad. Als er es in die Waschmaschine stopfte, roch er einen Moment daran. Ihr Parfüm.

– *Mensch, ausgerechnet da bin ich in Madrid. Zum Dolmetschen auf einem Kongress. Eine Woche, genau bis Mittwoch.*
– *Wie blöd. Für mich ist es egal, aber ich glaube, bei Mina ist*

es das einzige lange Wochenende. Ich kann sie noch einmal fragen, aber ich bin mir ziemlich sicher, leider. Und nur zwei Tage sind ein bisschen kurz.

3

Er schenkte eine Tasse Kaffee ein, nahm die Karte vom Tisch und setzte sich an das offene Fenster.

> Vielen Dank für alles, wir hatten eine tolle Zeit. Wirklich eine super Stadt. Und eine wunderbare Wohnung. Wir haben ein paar Bilder gemacht, auch von deiner Terrasse. Wir schicken sie dir.

– Weißt du was? Kommt doch einfach trotzdem. Ich lasse den Schlüssel beim Nachbarn, dann habt ihr die Wohnung.
– Das ist nett. Aber was ist mit dir? Wir wollten ja auch dich sehen.
– Ja, schon. Aber wenn es nur dieses Wochenende geht … Ich kann versuchen, das in Madrid abzukürzen, bis Dienstag. Dann könnt ihr euch erst mal die Stadt anschauen. Da muss ich sowieso nicht dabeisein, und am Ende haben wir noch einen Tag zusammen oder zumindest einen Abend.

> Deine Tipps waren echt super. Vor allem die Flamenco-Bar. Und auch der Markt. Wir haben noch nie so guten Fisch gegessen.

– *Ja*, sagte Tom, *hört sich gut an, aber trotzdem irgendwie schade.*
– *Aber doch besser als nichts.*
– *Ja, stimmt. Ich meine, sonst wird es wieder ein paar Monate nichts.*
– *Eben, kommt lieber jetzt. Ende Oktober ist sowieso eine gute Zeit, wirklich.*

4

Auf dem Fensterbrett standen noch zwei Weingläser. Er nahm eines, hielt es gegen das Licht, Spuren eines Lippenstifts.

– *Gut*, sagte Tom, *dann machen wir es so. Aber du musst uns wirklich versprechen, dass wir dich noch zu sehen bekommen.*
– *Ich werde alles versuchen. Ganz bestimmt.*

> Wir kommen bald wieder, aber dann musst du
> auf jeden Fall auch da sein.

– *Ich schreibe euch einen Zettel. Mit ein paar Tipps, Restaurants, Bars, dann könnt ihr euch die Touri-Sachen sparen.*
– *Das wäre natürlich toll.*

> Viele Grüße, noch einmal vielen Dank und
> bis bald.

Unterschrift: Tom und daneben, kaum zu entziffern: Mina.

Er sah aus dem Fenster: weit draußen, über dem Meer, lautlos, ein Flugzeug.

Vorhin, vor der Flughafenhalle, hatte sie ihn ganz leicht gestreift. Er wartete an der Haltestelle. Der Bus kam, die Tür ging auf, plötzlich stand sie da. Er wich zur Seite. Sie stieg aus, mit zwei, drei Tüten in den Händen, dahinter Tom mit den Koffern.

Ihr Parfüm, einen Augenblick lang.

P.S: Schade, dass wir uns so knapp verpasst haben.

Der Ruf der
Tagesfische

Ich habe entdeckt, dass alles Unglück der Menschen von einem Einzigen herkommt: dass sie es nämlich nicht verstehen, in Ruhe in einem Zimmer zu bleiben.
            Blaise Pascal, Pensées

1

Ich habe ziemlich lange gebraucht, um rauszufinden, was ich eigentlich am liebsten mache. Zumindest samstags. Ich gebe zu, 37 Jahre sind dafür eine lange Zeit.

Aber immerhin. Manche brauchen noch länger, und einige finden es nie raus, sterben irgendwann und hatten bis zuletzt das Gefühl, irgendetwas versäumt zu haben. An all den Samstagen und wahrscheinlich auch sonst.

Trotzdem hätte ich früher draufkommen können. Einige Klassiker kamen bei mir sowieso nicht in Frage, Autowaschen zum Beispiel. Ich hatte nie ein Auto, ich besitze nicht einmal einen Führerschein.

Auch das mit dem Shoppen lasse ich inzwischen sein. Vor allem für mich selbst etwas zu suchen, habe ich schon lange aufgegeben.

Das war kein großartiger Entschluss, ich war ganz einfach überfordert. Ich wollte mich nur umsehen, unverbindlich, schon stürzten sich Horden von grell geschminkten Verkäuferinnen auf mich, die Sorte von Frauen, die mich auf der Straße nicht einmal anblicken würde. Aber kaum tritt man über die Schwelle einer Boutique, ist man kein unscheinbarer Fußgänger mehr, sondern ein potentieller Kunde.

Anfangs meinte ich, so durchkommen zu können, aber es gelang mir nicht. Wenn ich sagte, dass ich mich nur umschauen wollte, nickten sie verständnisvoll, fragten nach Schuhgröße oder Kragenweite, nickten noch einmal verständnisvoll und zogen mich dann vor irgendein Regal. Und nachher auf der Straße hatte ich meistens etwas unter dem Arm, was ich nie besitzen wollte.

Ich weiß nicht, wie es anderen geht, aber meine Einkäufe hatten immer eine andere Farbe, wenn ich sie zu Hause auspackte. Alles war wie verhext, sobald die lächelnden Verkäuferinnen nicht mehr daneben standen. Das ging so weit, dass mir die Schuhe, die mir angeblich so gut standen, zu Hause plötzlich nicht mehr passten und Jacketts, die im Laden noch einen echten Gentleman aus mir gemacht hatten, plötzlich wie Lappen an mir herunterhingen.

Eine Weile ging ich noch als Begleiter mit. Mit Freundinnen. Natürlich fragte ich mich ab und zu, warum man einen kompletten Samstag in dezent duftenden Läden verbringen muss, um permanent Meinungen zu Röcken und Sandalen abzugeben. Meinungen, auf die dann sowieso niemand hört.

Aber dann sah ich mich um und beobachtete die anderen. Lässige Studenten, zerstreute Familienpapas, noble Geschäftsmänner, wie sie neben ihren Frauen und Freundinnen saßen, Damenstiefel oder Ledertäschchen gehorsam in der Hand haltend. Und da dachte ich mir: Wenn diesen Typen am Samstag nichts Besseres einfällt, dann muss ich mir auch keine Gedanken machen.

Ab und zu schaute auch jemand zu mir herüber und grinste mit einem Augenzwinkern. Ein Zeichen von Solidarität, nehme ich an. So etwas kann beruhigen, und irgendwann glaubt man, Samstage müssen so sein.

2

In gewisser Hinsicht habe ich meine Rolle als Begleiter sogar genossen. Ich spürte etwas wie Freiheit. Ich streckte mich auf diesen Lederbänken aus, ich durfte da sein, einfach so. Ich musste niemandem erklären, warum ich dies und jenes nicht haben wollte. Die Verkäuferinnen mussten freundlich zu mir sein, ohne mir etwas aufdrängen zu können.

Und meine Freundinnen waren einfach begeistert. Sie lobten meine Geduld, zählten mir die Männer auf, mit denen man einfach nicht shoppen gehen konnte, und belohnten mich mit einem Glas Prosecco zwischen zwei Boutiquen.

Ihre Dankbarkeit machte mich stolz, aber auch nachdenklich. Ich überlegte, was diese Männer, mit denen man nicht shoppen gehen konnte, wohl gerade machten. Mir fielen die tollsten Dinge ein. Ich sah plötzlich so einen Typ auf einem Segelboot, und der sagte zu einer Frau, die übrigens ein wenig an diese grellen Verkäuferinnen erinnerte: ‚Schön, dass du mitgekommen bist. Andere Frauen wollen samstags immer nur shoppen gehen.'

Ich blickte wieder zu meinen Genossen im Schuhladen und begann mich zu fragen, ob ich mich wirklich an ihnen orientieren sollte. Da draußen, dachte ich und sah durch das Fenster auf die Straße, da draußen findet vielleicht eine ganz andere Wirklichkeit statt.

Hinzu kam, dass ich Fehler machte. Mir gefielen die billigeren Sachen besser als die teuren, so dass mich so manche Freundin verwirrt ansah und mich für geschmacklos und knauserig hielt.

Einmal lobte ich einen hohen Schuh in höchsten Tönen, ich stand sogar auf, trat hinter meine Freundin und legte meinen Arm um ihre Schulter, während sie vor dem Spiegel auf- und abwippte. Ein harmonisches Bild, fand ich, das sich dann allerdings schnell auflöste. Den gelobten Schuh wollte sie nicht kaufen, sie war mit ihm gekommen.

Sie ging auch mit ihm, ohne mich ...

3

Eine Einbildung, die sich länger gehalten hat, eigentlich bis vor kurzem, ist die mit dem Ausflug. Die ganze Woche sitzt man in überheizten Büros und glotzt in einen Computer, und danach steht man in überfüllten U-Bahnen und glotzt in eine Zeitung, um rauszufinden, was alles in der Welt man verpasst hat.

Also muss man das Wochenende nutzen. Etwas erleben. Zu sich kommen, zur Natur oder sonstwohin. Hauptsache: weg hier. Es ist jedes Mal dasselbe. Die ganze Woche nimmt man sich das vor. Spätestens ab Mittwoch denkt man ununterbrochen daran.

Am Samstag einfach abhauen. Irgendwohin aufs Land. Ihr könnt mich mal, ich verschwinde im Grünen. Unerreichbar. Ihr könnt mir den Anrufbeantworter vollquatschen, so voll ihr wollt, ich rufe euch nicht zurück. Ich komme auch nicht zum Mittagessen und zum Kaffee auch nicht und ins Kino erst recht nicht, und ein paar Drinks könnt ihr auch alleine trinken. Ich will mich auch nicht mit euch austauschen, und eure neue Wohnung will ich auch nicht sehen.

Kurz: Die Aussicht aufs Wochenende hielt einen am Leben. Trotzdem klappte das mit dem Ausflug eigentlich nicht oft. Jedenfalls nicht so, wie man sich das vorgestellt hatte.

Mittwoch war die Sache völlig klar, Donnerstag auch noch. Freitag wurde es langsam eng. Man hätte sich schon längst eine Route ausdenken müssen, eine Fahrkarte kaufen, ein Hotelzimmer buchen.

Aber anstatt mich darum zu kümmern, ging ich genau mit den Kollegen, die ich eigentlich nicht mehr sehen wollte, noch auf ein Feierabendbier. Aus dem schnell drei oder vier wurden, man kennt das ja.

Schließlich taumelt man nach Hause, die großen Pläne noch verschwommen vor Augen. Am nächsten Tag gegen Mittag wird man vom Anruf eines Kollegen geweckt, der den Abend einfach großartig fand und vorschlägt, mit den anderen ein bisschen rauszufahren, aufs Land, zu irgendeinem Gasthof. Warum nicht? höre ich mich sagen, in einer halben Stunde bin ich fertig, kein Problem.

Man steht auf – ein paar Aspirin ringen vergeblich mit dem Kater – um dann im Stau zu stehen und sich in überfüllte Ausflugslokale zu drängen, umringt von ausgeschlafenen Menschen, die ebenfalls ihre Zeit sinnvoll und im Grünen verbringen wollen. Und die dann die Wartezeit im Lokal sinnvoll bei einem Aperitif zum Telefonieren nutzen.

„Nein, wir sind nicht in der Stadt. Stell dir vor, wir sind aufs Land gefahren. Wahnsinnig schön hier, schade für dich, du verpasst echt was ..."

Ich wollte tauschen. Nein, nicht mit denen, die so frisch und munter an den Nebentischen saßen, sondern mit denen am anderen Ende. Die irgendwo noch im Bett lagen, vielleicht in einer dunklen Küche Zeitung lasen, womöglich in einer lauwarmen Badewanne vor sich hin dösten. Was, bitte schön, sollten die hier verpassen?

Irgendwann da draußen habe ich mir gedacht, dass es doch so einfach sein könnte, und dass es herrlich sein müsste: zu Hause bleiben und keine Dummheiten machen. Ein Dasein, ohne reinzufallen, nicht auf Einladungen, nicht in Schuhgeschäften.

4

Ich weiß: Was ich tue, ist ziemlich banal. Man muss dazu weder Fachliteratur lesen noch einen Workshop besuchen, und es gibt dafür weder spezielle Kleidung noch einen Club.

Ich schlafe samstags aus, nicht zu lange, so bis neun, halb zehn, dann springe ich runter auf die Straße und hole mir die dicke Wochenendzeitung, die ich dann in aller Ruhe lese. Gegen Mittag stehe ich auf und rufe einen guten Freund an.

Das heißt, meistens ruft er an. Wenn er bis halb eins noch nicht angerufen hat, ist das ein schlechtes Zeichen. Dann ist die Wahrscheinlichkeit groß, dass er mit seiner Freundin einen Ausflug macht oder ihr versprochen hat, mit ihr einkaufen zu gehen.

Wenn er aber anruft, heißt das meistens, dass er Zeit hat. Dass seine Freundin mit ihren Freunden unterwegs ist. Dann stehen die Chancen gut, dass wir das Beste machen, was man meiner Meinung nach an einem Samstagmittag machen kann.

Wir treffen uns auf dem Markt und essen dort in der Fischhalle, an der „Haifischbar". Ein wunderbarer Ort. Man sitzt auf hohen Hockern an einer runden Theke, betrachtet die mit Kreide geschriebenen Menütafeln, schwankt zwischen den Tagesangeboten hin und her und nippt schon mal an einem Gläschen Wein.

Das Menü ist eine wichtige Entscheidung. Genau genommen – da sind wir uns einig – die einzige wichtige Entscheidung, die wir an diesem Tag treffen werden.

Dabei gibt es nicht viel zu sagen. Jeder ist bei seiner Entscheidung im Grunde allein, wie das im Leben eben so ist. Manchmal teilen wir uns kurz den Stand der Überlegungen mit (Ich glaube, ich nehme zuerst den Spargel.), manchmal gibt es dann noch kleine Korrekturen (Halt! Doch keine Bratkartoffeln!) und strategische Absprachen (Du die Calamares, ich die Dorade.).

Wenn aus Entscheidung Bestellung geworden ist, stoßen wir an und glotzen zufrieden in die Runde. Er erzählt manchmal, wohin und mit wem seine Freundin weggefahren ist oder was sie heute und mit wem einkaufen will. Er wertet das nicht. Trotzdem geht aus seiner ganzen Erzählweise hervor, dass er einfach nur heilfroh ist, nicht dabei sein zu müssen.

Sozusagen besteht unser Samstagsglück also aus zwei Dingen, die sich irgendwie miteinander multiplizieren: daraus, dass wir an einem großartigen Ort sitzen, frisch gegrillte Dorade oder Seezunge aus dem Ofen essen und dabei in die gleichgültigen Gesichter von Leuten blicken dürfen, denen es ganz ähnlich zu gehen scheint.

Dazu kommt die heimliche Freude darüber, wo wir nicht sind: in keinem Laden, bei keinen Bekannten, an keinem Ausflugsziel.

Wir haben das noch nie so ausgesprochen, aber manchmal sehen wir uns an, über die Gräten eines Seeteufels hinweg, und dann höre ich einen leisen Seufzer der Erleichterung, und spätestens in diesem Augenblick weiß ich, dass wir genau das Gleiche denken.

5

Bei ihm kommt sicher noch einiges dazu: der harte Job und seine komplizierte Beziehung. Beides seit vielen Jahren.

Er hat darüber nie gesprochen, aber ich habe ihm einmal die Geschichte eines Kollegen erzählt, die er bemerkenswert interessant fand, wie mir auffiel. Mit zusammengekniffenen Augen hörte er zu, während er sonst oft nur ziemlich geistesabwesend nickt.

Dieser Kollege war vor ein paar Monaten mit seiner Frau nach Indonesien gefahren. Eine Bildungsreise, ein langer

Wunsch von ihm, soweit ich verstanden habe. Sie war anfangs skeptisch, ließ sich dann aber überreden. Sie waren auch zusammen wieder zurückgekommen, hatten nicht einmal viel gestritten, im Gegenteil, beide hatten die Reise äußerst interessant gefunden.

Danach aber ergab sich ein wesentlicher Unterschied: Während er sozusagen noch die Koffer voller Erinnerungen auspackte, fuhr sie wieder zurück nach Indonesien. Ohne ihn und ohne auch nur die Entwicklung der Fotos abzuwarten, auf denen sie gemeinsam und fröhlich zu sehen waren.

Der Urlaub hat sie nicht unbedingt voneinander entfremdet, wie das so oft passiert. Sie zogen nur völlig unterschiedliche Konsequenzen. Während er gespannt auf die Bilder wartete und schon überlegte, wo er die schönsten Vergrößerungen hinhängen würde (Die Küche kam in Frage, aber auch der Platz im Wohnzimmer über dem Sofa.), fuhr sie einfach wieder hin. Allein.

Sie rief wohl noch einmal kurz an und sagte Bescheid, konnte allerdings nicht ins Detail gehen, weil sie angeblich in einer ungemütlichen Telefonzelle auf irgendeiner Insel stand und die Münzen nur so durchratterten. Jedenfalls war das alles, was er noch von ihr hörte.

Seitdem ist er allein und zweifelt natürlich, ob die Reise eine gute Idee war und ob er die Bilder wirklich aufhängen soll. Wenn Freunde kommen und nach seiner Frau fragen, soll er die dann ins Wohnzimmer führen, auf die Fotos über dem Sofa zeigen und sagen: „Da irgendwo ist sie"? Das wäre schon ziemlich komisch, und die Landschaften sind so schön, dass die Gäste am Ende noch verständnisvoll nicken würden.

Als ich meinen guten Freund fragte, wie er das Ganze fände, grinste er nur und meinte, dass er das absolut gut verstehe. Dabei ließ er offen, worauf sich seine Antwort bezog, auf das Dilemma meines Kollegen oder auf das Verschwinden von dessen Frau.

Seitdem überlege ich manchmal, ob die angenehm entspannte Art meines Freundes vielleicht damit zu tun hat, dass er sich einen Weg offenhält, dass er eines Tages plötzlich nicht mehr da sein könnte.

Wenn er etwas erzählt, dann achte ich auf mögliche Hinweise in diese Richtung. Aber er macht keine Andeutungen. Jedenfalls nicht mir gegenüber. Zu glauben, unsere Komplizenschaft gehe so weit, wäre eine Illusion. Es ist schließlich nur eine Männerfreundschaft. Trotzdem passe ich genau auf. Vor allem wenn sie von einer Reise zurückkommen. Aber er lässt meistens seine Freundin erzählen.

6

Ich weiß also, dass dieses Samstagsglück eher fragil ist und keineswegs ewig andauern muss. Auch deshalb ist klar, dass ich jedes Mal froh bin, wenn am Samstag gegen zwölf das Telefon klingelt, und er dran ist und fragt, ob ich Zeit habe.

Aber selbst dann kann man nicht ganz sicher sein. Wir sind gute Freunde, aber wie gesagt: Unsere Komplizenschaft hat Grenzen.

Neulich zum Beispiel rief er um die gewohnte Zeit an, erkundigte sich nach irgendetwas und fragte dann so nebenbei, ob ich nachher schon etwas vorhätte. Ich hatte die Zeitung schon gelesen, saß beim dritten Kaffee und blätterte gerade das Fernsehprogramm der Woche durch.

„Nein", sagte ich.

„Wirklich?", fragte er.

„Nein, wirklich nicht", wiederholte ich arglos.

„Ich schon", sagte er, „ich muss noch mal ins Büro, leider, ein dringendes Projekt, ... aber warte mal."

Er legte den Hörer offenbar neben den Apparat.

Der Verdacht, der langsam in mir aufkeimte, bestätigte sich sofort.

„Hey, hallo", hörte ich plötzlich die Stimme seiner Freundin. Sie stellte keine weiteren Fragen. Sie stellte lediglich fest, dass sie Hunger habe und Lust, ein bisschen rauszugehen. Der geplante Ausflug mit ihren Freunden sei nämlich geplatzt, und ihr Freund habe wieder mal einen Kater von gestern Abend und noch irgendetwas im Büro zu tun. Sie schlage also ihr Lieblingslokal vor, danach könne ich sie noch zu einem Laden begleiten, wo sie etwas zurückgeben müsse.

Einen Moment hatte ich das Gefühl, im Hintergrund ein Lachen zu hören, aber ich konnte mich auch getäuscht haben. Ich war schon auf der Suche nach einer Ausrede, aber dann fiel mir ein, dass ich ja gerade noch mein Freisein begeistert ins Telefon gekräht hatte. Selbstverständlich erklärte ich mich einverstanden.

7

Eine Stunde später saß ich in einem Schickimicki-Lokal, in dem die Portionen so groß waren, als hätte jemand seinen Teller nicht ganz aufgegessen.

Um nicht sofort fertig zu sein und dann nichts mehr zu tun zu haben, schob ich die letzten drei meiner neun Ravioli auf ihrem Kräuterbett immer wieder kreuz und quer über die leeren Weiten meines Riesentellers, während mich die Freundin meines guten Freundes permanent aufforderte zuzugeben, dass die Küche dieses Restaurants viel gesünder wäre als das fette Zeug auf dem Markt und die Präsentation der Gerichte viel stilvoller. Abgesehen davon sei das Lokal auch viel kommunikativer, weil man nicht so idiotisch in einer Reihe dasäße, sondern sich jederzeit in die Augen sehen könne.

Wie um dies zu unterstreichen, betrachtete sie dabei die Sojatropfen auf ihrem Rindercarpaccio, steckte sich eine halbe Gabel davon in den Mund und sah mir dann erwartungsvoll in die Augen.

Ich war permanent einverstanden und stopfte mir dabei so unauffällig wie nötig so viel Brot wie möglich in den Mund, um diese Leere um die Ravioli zu füllen, die inzwischen doch von meinem Teller verschwunden waren.

Der Kaffee schmeckte schon nach Erlösung, aber plötzlich stand ein Freund von ihr da – einer von der Ausflugs-Clique, wie sich gleich herausstellte – der sich gern auf ein Glas Sekt zu uns setzte.

Anfangs dachte ich noch, dass das ein Zufall sei. Dann kam aber noch eine Freundin und noch ein Freund, bis anscheinend alle Teilnehmer des geplatzten Ausfluges dasaßen, von dem sie mir nun bei einer Flasche Sekt ausführlich erzählten.

Hört sich gut an, hörte ich mich immer wieder sagen, während alle vier heftig nickten und abwechselnd bedauerten, dass es einfach nicht geklappt hatte. Ich fragte mich die ganze Zeit, warum es nicht geklappt hatte. Sie saßen hier komplett versammelt und schienen jede Menge Zeit zu haben.

Irgendwann dachte ich auch an meinen guten Freund. Was der wohl gerade machte? Saß irgendwo übermüdet und mutterseelenallein in diesem tristen Großraumbüro. Ich überlegte, ob ich mit ihm tauschen wollte. Ja, entschied ich, vor allem wenn er ein Sandwich und eine Bierdose bei sich hatte.

Schließlich lud ich alle ein. Das heißt, ich lud sie eigentlich nicht ein, ich hatte nur keinen kleinen Geldschein. Aber alle vier lächelten blitzartig und sagten fast gleichzeitig: Muss aber nicht sein. Trotzdem danke.

8

Immerhin musste ich zum Shoppen nicht mehr mitkommen. Sie waren zu viert und hatten Verständnis. Die Verabschiedung war herzlich, fast so, als hätten wir zusammen einen Ausflug gemacht.

Auf dem Weg nach Hause kam ich am Markt vorbei. Zuerst wollte ich nur ein paar Orangen für das Frühstück morgen mitnehmen, aber dann stieg mir ein Duft in die Nase, und ich folgte ihm unweigerlich. Da war er plötzlich wieder: der Ruf der Tagesfische.

An der Bar saß mein guter Freund, mit den Resten einer gebackenen Forelle beschäftigt. Dass ich ihm so plötzlich auf die Schulter klopfte, war ihm nicht peinlich.

„Setz dich", sagte er und putzte sich die Finger an einer Serviette ab.

„Ich bin schon fast fertig, aber ich trinke noch ein Gläschen mit, wenn du was essen willst. Komm, ich lade dich ein."

Er grinste freundlich, gab dem Kellner ein Zeichen und sah dabei ein bisschen verpennt aus. Wie jemand, der gerade aus dem Bett gekrochen war.

Der Weißwein kam, wir stießen kurz an, dann sah er mir geduldig zu, wie ich meine Fischsuppe löffelte und anschließend einen Räucherlachs verschlang.

Wir redeten nicht viel. Gute Freunde müssen nicht viel reden.

1

„Sagen Sie mal", sagte die Stimme am Telefon, „sagen Sie mal: Ist meine Frau bei Ihnen?"

Mark Rotter überlegte einen Augenblick.

„Ja", antwortete er, „ja, sie ist hier."

„Hm", die Stimme räusperte sich, „das habe ich mir fast gedacht."

Rotter wartete ab, aber Paulen sprach nicht weiter.

„Wollen Sie mit ihr sprechen?"

Wieder diese Stille, ein paar Sekunden lang. Als müsste Paulen überlegen.

„Nein, nein", sagte er dann, „ist schon gut, lassen Sie nur."

Wieder brach er ab, als erwarte er, dass Rotter etwas sagte. Rotter schwieg und sah durch die Wohnzimmertür in den Korridor.

„Es ist nichts", setzte Paulen wieder an, „Sie war nur vorhin nicht da, als ich nach Hause kam. Sie wollte einkaufen ..."

„Verstehe", sagte Rotter. Verdammt, was soll das, dachte er, was hat das mit mir zu tun? Ich meine, wie kommt er auf mich?

„Wissen Sie, wir haben Gäste heute Abend. Und die meisten Geschäfte sind nur bis zwei Uhr offen heute. Ich bin ein bisschen nervös."

„Verstehe", sagte Rotter noch einmal.

„Und da Sie neulich von dem Feinkostgeschäft gesprochen haben, habe ich vermutet, dass sie dorthin gefahren ist und vielleicht bei Ihnen vorbeigeschaut hat. Sie wohnen ja direkt daneben, wenn ich richtig verstanden habe."

Rotter atmete auf. Endlich ein Faden, den er aufnehmen konnte.

„Ja", sagte er, „Ihre Frau hat vorhin geklingelt. Sie hat

den Laden nicht gefunden. Ich habe sie dann begleitet."

„Das ist nett von Ihnen, Herr Rotter."

„Ich bitte Sie, Herr Paulen, ich hatte Zeit. Außerdem habe ich auch etwas gebraucht."

„Trotzdem, wirklich sehr nett. Ich meine, Samstagmittag – sie hätte wenigstens anrufen können."

„Kein Problem, ich hatte wirklich nichts vor."

„Na schön, jedenfalls vielen Dank."

Rotter war nicht sicher, ob er weitersprechen musste. Paulen schien zufrieden zu sein.

„Sie ist noch kurz hereingekommen. Ich wollte ihr die Wohnung zeigen und ihr ein Rezept geben. Und dann habe ich noch einen Kaffee gemacht."

„Sehr freundlich von Ihnen", hörte er Paulen sagen, „wirklich sehr freundlich."

Rotter sah wieder in den dunklen Korridor.

„Aber sie wollte gerade losfahren, glaube ich."

„Schon gut. Ich meine, wenn sie alles bekommen hat für heute Abend, dann kann sie sich ruhig Zeit lassen."

„Gut. Ich sage es ihr."

Er war erleichtert. Die Sache schien erledigt zu sein.

2

„Hat sie denn alles bekommen?", fragte Paulen plötzlich.

„Ich ... denke schon."

„Lachs, Garnelen, Limonen ...?"

„Ja", sagte Rotter, „ich glaube, das hat sie alles."

„Und den Zuckerrohrschnaps für den Mojito?"

„Ja, den hat sie auch."

„Was noch, was hat sie noch gekauft?"

Rotter zögerte, versuchte sich den Abend bei Paulens vorzustellen, den Abend bei Paulens und dann das Sortiment in dem Laden unten.

„Verzeihen Sie, dass ich Sie so ausfrage, aber wenn etwas fehlt ... Ich meine, ich gehe gleich noch mal raus. Ich muss sowieso noch einmal raus."

„Klar, klar", sagte Rotter und hoffte, dass Paulen mit der Liste weitermachte. Dann musste er nur reagieren. Schnell entscheiden, ob es das wirklich in dem Laden gab.

Paulen schwieg.

„Krabbensalat", sagte Rotter, „wenn ich richtig gesehen habe."

„Krabbensalat?"

„Ja. Ich glaube schon."

„Seltsam. Essen wir sonst nie. Aber warum nicht? Und sonst?"

Rotter dachte an diesen Abend im Restaurant. Von was, verdammt, war die Rede gewesen? Plötzlich fiel es ihm ein.

„Muscheln", sagte er bestimmt.

„Muscheln?"

„Ja. Für eine Fischsuppe, glaube ich. Es gibt doch Fischsuppe?"

„Ja, Fischsuppe. Ganz recht."

Na also, dachte Rotter. Was, verdammt, will er noch?

„Sie hat also wirklich Muscheln gekauft?"

„Ja. Miesmuscheln."

„Wie viel?"

„Vielleicht ... zwei Kilo, zwei oder zweieinhalb, ich bin nicht ganz sicher."

„Aha."

„Reicht das?"

„Ja", sagte Paulen etwas schroff, „das reicht."

Wieder eine Pause.

„Und das Gemüse? Hat sie das Gemüse bekommen?"

„Ich nehme an, aber da bin ich nicht sicher. Wissen Sie, ich habe auch nach meinen Sachen geschaut."

„Natürlich", hörte Rotter die Stimme, „verzeihen Sie diese Ausfragerei."

Rotter sah wieder in den Korridor.

„Aber wenn Sie wollen, kann ich Ihre Frau holen, sie ist im Garten. Es dauert nur einen Moment."

„Nein, wirklich nicht notwendig. Ich sehe schon, sie hat alles besorgt. Wie immer. Sie ist ein Schatz. Und ich muss weg jetzt. Mit dem Hund."

„Ja", sagte Rotter, „wie Sie wollen. Einen schönen Abend jedenfalls."

„Hat Marlene Sie nicht eingeladen?"

„Nein, ich meine …"

„Typisch. Sie lässt sich von Ihnen Geschäfte zeigen und Kaffee machen, aber auf die Idee, Sie einzuladen, kommt sie nicht. Na ja, verzeihen Sie ihr, sie ist ein bisschen zerstreut in letzter Zeit."

„Aber ich bitte Sie. Das muss wirklich nicht sein."

„Na, jedenfalls, wenn Sie nichts anderes vorhaben heute Abend, kommen Sie doch. Wir haben Gräfes eingeladen und Lührigs. Ich würde mich freuen und Marlene natürlich auch. Sprechen Sie doch mit ihr."

„Mach ich. Vielen Dank."

„Gut, dann hoffentlich bis heute Abend."

„Ja. Ich werde mal sehen."

Er legte auf, trat ans Fenster und sah in den Garten.

3

„Wo warst du so lange?"

Sie sah ihn vorwurfsvoll an.

„Ich warte hier und warte …"

Er setzte sich auf den Bettrand.

„Das Telefon", sagte er leise, „dein Mann hat angerufen."

Sie setzte sich auf, kniff die Augen zusammen.

„Mein Mann? Was wollte er?"

„Er wollte wissen, ob du hier bist."

„Er wollte wissen, ob ich hier bin? Aber wie kommt er …?"

„Wegen dem Laden unten. Feinkost. Er hat angenommen, dass du dort einkaufst. Für euer Essen heute Abend. Und dass du deshalb bei mir vorbeigeschaut hast."

„Aber wie kommt er auf den Laden?"

„Na ja. Wir haben am Dienstag davon gesprochen. Im Restaurant. Weißt du nicht mehr? Ich habe davon erzählt und du hast gesagt: Prima, bei der nächsten Gelegenheit kaufe ich dort ein."

„Ja. Jetzt erinnere ich mich wieder. Und er hat das gehört?"

„Ja, er hat sogar gesagt: Mach das, das hört sich gut an."

Sie nahm seinen Arm und rutschte wieder ein Stück nach unten.

„Dann denkst du, dass alles in Ordnung ist?"

Er zuckte mit den Schultern und legte seine Hand auf ihren Bauch.

„Ich glaube schon. Ich habe gesagt, du hättest den Laden nicht gefunden und ich wäre dann kurz mitgekommen. Und danach habe ich dich auf einen Kaffee eingeladen, um dir das Haus zu zeigen. Und ein Rezept. – Stimmt. Ich muss dir ein Rezept geben."

Sie biss sich auf die Lippen.

„Nein, Marlene, er fand das okay. Er wollte nur wissen, ob du alles bekommen hast."

Sie drehte sich zu ihm, sah auf seinen Mund.

„Und was hast du ihm gesagt?"

„Er hat ein paar Sachen aufgezählt, und ich habe ja dazu gesagt, und dann wollte er plötzlich wissen, was noch …"

Sein Mund verzog sich zu einem Lächeln.

„Mir ist die Fischsuppe eingefallen. Volltreffer."

„Gut", sagte sie, „sehr gut", und drückte mit ihrer Hand die seine gegen ihren Bauch.

„Nur den Krabbensalat hat er nicht so gut gefunden."

„Krabbensalat? Wie bist du denn darauf gekommen?"

„Was weiß ich? Für die Gäste. Du könntest doch meinen, dass irgendjemand so was gern isst."

Sie nickte. „Du hast recht. Ja, das könnte ich sagen."

Sie schloss die Augen. Rotter sah auf die Uhr.

„Wir haben nicht mehr viel Zeit. Ich glaube, der Laden macht wirklich um zwei zu."

„Und wenn ich die Sachen nachher woanders kaufe? Dort, wo ich eigentlich hingehen wollte. Das Geschäft hat den ganzen Nachmittag auf. Er weiß das nur nicht."

„Nein, Marlene, denk an die Tüte. Du brauchst unbedingt die Tüte von dem Laden unten."

„Ach Gott, stimmt. Du denkst wirklich an alles, du bist einfach großartig."

Sie nahm seinen Arm und zog ihn zu sich heran.

„Haben wir noch zehn Minuten?"

„Ich weiß nicht."

„Komm, noch ein bisschen."

Er rückte näher, stützte den Kopf auf seine Faust.

„Noch was, Schatz. Wir müssen auch an den Kassenbon denken."

„Das ist doch übertrieben, das mit der Tüte reicht doch."

„Will er normalerweise den Bon sehen?"

„Manchmal, wenn ihm die Summe zu hoch erscheint."

Er sah, über ihre Schultern hinweg, zum Fenster hinaus.

„Wir müssen den Bon gleich wegwerfen. Wir dürfen das nicht vergessen, hörst du?"

Sie sah ihn verständnislos an.

„Wegen der Uhrzeit. Auf diesen verdammten Bons steht doch neuerdings immer die Uhrzeit. Wenn er die Einkäufe durchgeht."

Sie streckte sich, legte ihm die Arme um den Hals.

„Mein Gott, du denkst wirklich an alles."

Er lächelte und gab ihr einen Kuss auf die Stirn.

4

"Übrigens, er hat mich für heute Abend eingeladen", sagte er und schüttelte den Kopf. "Guter Junge."

"Hat er wirklich?"

"Ja, und er fand es unmöglich, dass du das nicht schon längst getan hast. Unhöflich fand er das. Er wird dir nachher einen kleinen Vortrag halten."

Er sah sie von der Seite an, sein Mund verzog sich zu einem Grinsen.

"Und ich finde, da hat er recht."

"Hör mal! Ich dachte, ..."

Er legte seinen Zeigefinger auf ihre Lippen.

"Schon gut", flüsterte er, "war nur ein Witz."

"Wirst du kommen?"

"Nun, Lust hätte ich. Aber das am Telefon vorhin hat gereicht. Wäre ein bisschen zu hoch gepokert. Am Ende macht man einen Fehler, und schwupp! ... Ich denke, er hat das sowieso nur aus Höflichkeit gesagt. Hörte sich jedenfalls nicht sehr herzlich an. Er schien mir heute überhaupt ziemlich reserviert."

"Na ja, das muss nichts heißen. Aber es stimmt schon: Besser, du kommst nicht."

Er küsste sie noch einmal, löste sich dann aus der Umarmung.

"Jetzt schon?", fragte sie.

"Ich will schnell aufschreiben, was ich ihm gesagt habe. Was du gekauft hast. Damit wir nachher nichts vergessen. Also, der verdammte Krabbensalat, dann Garnelen, Lachs ..."

"Warte. Ich habe eine Liste gemacht. Damit ist es leichter."

Sie lehnte sich aus dem Bett und kramte in ihrer Handtasche auf dem Boden.

"Hier."

Sie sah ihm zu, wie er aufmerksam das Papier durchging. Ab und zu nickte er zufrieden. Dann runzelte er die Stirn.

„Was ist denn, Schatz?"

„Du hast manchmal einen Punkt gemacht. Bei den Tintenfischen. Und bei den Muscheln."

„Ach ja. Das sind die Sachen, die er selber kaufen wollte. Ich habe ihn darum gebeten, weil ich diese Dinger nicht gerne in die Hand nehme. Und sie müssen frisch sein. Deshalb ist er heute Morgen so früh auf den Markt gefahren."

Was war anders?

1

„Was war anders?", fragt sie, geht zur Tür, dreht sich um und übersieht noch einmal den Raum.

Das Sofa, der niedrige Sofatisch, dahinter der offene Kamin, daneben der Bücherschrank, die goldenen Lederrücken der Enzyklopädie oben, darunter das Fach mit den Bildbänden und Reiseführern. Darunter der Fernseher, rechts das Fach mit der Fernsehzeitschrift, die DVDs, links das Glasschränkchen, Gläser und Flaschen für die Drinks. Über dem Sofa das Bild, ein moderner Druck, wertvoll; sie hat ihn vor zwei Jahren in Köln gekauft. Daneben Fotos. Sie, er, beide zusammen.

Auf der anderen Seite das große Fenster zum Garten. Sie versucht, etwas zu erkennen, aber es ist dunkel draußen, das Fenster spiegelt. Sein runder Hinterkopf über der Sessellehne, eingerahmt vom Viereck der Zeitung, dahinter sie in der Tür zum Korridor.

„Wie meinst du das? Was war anders? Ich meine, was soll anders gewesen sein?"

Er blickt von der Zeitung auf. Sie verschränkt die Arme und lehnt sich an den Türrahmen.

„Ich weiß nicht", sagt sie leise. „Ich hatte sie anders in Erinnerung, ich habe sie mir anders vorgestellt."

„Aber Liebling, Wohnungen sehen immer anders aus, wenn sie möbliert sind. Solange sie leer sind, wirken sie heller und größer. Das ist einfach so."

Sie schüttelt den Kopf.

„Ich meine gar nicht, als sie leer war, ich meine, als Hennings noch hier wohnten."

„Als Hennings noch hier wohnten?"

„Ja", sagt sie. „Erinnerst du dich noch an das Essen? Als

wir zum ersten Mal hier waren?"

„Sicher", sagt er und blickt zu ihr. „Natürlich erinnere ich mich noch."

„Wussten wir damals eigentlich schon, dass sie wegziehen würden? Ich meine, war da schon im Gespräch, dass wir ..."

„Nein, noch lange nicht. Das war noch letztes Jahr im Sommer. Da hatten wir sie gerade erst kennengelernt."

„Ach ja, stimmt. Und wie ging das eigentlich weiter?"

Er faltet die Zeitung zusammen, beugt sich vor und legt sie auf den Sofatisch.

2

„Klaus Henning hat mich ein paar Monate später angesprochen. Im Dezember, glaube ich. Er hat mich gefragt, ob wir immer noch ein Haus suchen. Sie würden umziehen, hat er gesagt, und sie wollten das Haus natürlich lieber Bekannten geben. Und es hätte uns doch gefallen, damals, als wir bei ihnen zu Besuch waren."

Er lehnt sich zurück und verschränkt die Arme hinter dem Kopf.

„Mein Gott, war ich aufgeregt. Plötzlich diese Chance! Wie lange haben wir gesucht! Ich habe an diesen Abend gedacht. Weißt du noch, wir haben danach noch tagelang über das Haus gesprochen. Wenn wir so einen Kamin hätten, hast du immer wieder gesagt."

Er streckt den Arm nach ihr aus, sie stößt sich von dem Türrahmen ab und geht langsam auf ihn zu.

„Habe ich das gesagt?", fragt sie lächelnd. „Daran erinnere ich mich gar nicht mehr."

„Doch, doch, das hast du", sagt er und zieht sie auf seinen Schoß. „Und jetzt haben wir ihn ..."

Sie nickt, fährt mit einer Hand über seine Brust und steht wieder auf.

„Trotzdem", sagt sie, „etwas war anders."

Sie macht wieder ein paar Schritte und bleibt vor dem Kamin stehen.

„Etwas war wirklich anders. Ich meine ja nur."

Sie sieht sich wieder um.

„Es hallt, findest du nicht? Man hört seine eigene Stimme so deutlich, wie auf einer Bühne. Das war doch damals nicht so."

„Aber Liebling, da war die Bude voll hier. Mit den Leuten und mit all den Sachen. Da konnte es gar nicht hallen."

Er dreht sich nach ihr um, legt einen Arm über die Sessellehne.

„Warte doch ab. Wir sind doch noch gar nicht fertig. Es fehlt noch so vieles. Wenn der Raum voller ist, wird es auch nicht mehr hallen."

„Das war es", sagt sie plötzlich. „Der Raum kam mir damals so belebt vor. Ich weiß nicht, wie ich sagen soll, so voll, irgendwie intensiv. So voll von Leben."

„Schätzchen, das war eine Party."

„Ja, ja, ich weiß, aber es war nicht nur die Party."

Sie setzt sich auf den Kaminsims.

„Sag mal, erinnerst du dich noch, wo das Sofa stand?"

Er sieht sich um.

„Ich glaube, es stand quer, mitten im Raum. Ich fand das nicht so gut. Es war ziemlich klein, hat aber wahnsinnig viel Platz weggenommen."

Sie steht auf und macht wieder ein paar Schritte durch den Raum.

„Hier?", fragt sie.

„Ja, ich denke, so ungefähr."

Sie neigt den Kopf zur Seite, abschätzend.

„Kannst du mir mal helfen?"

„Willst du wirklich das Sofa verrücken?"

Sie nickt.

„Aber es ist zu groß. Glaub mir."

„Nur mal probieren."

„Na schön. Wir müssen es aber anheben, sonst gibt es Kratzer."

3

Sie sieht auf den leer gewordenen Platz an der Wand.

„Und hier stand der Tisch, nicht wahr?"

„Ja", sagt er, ein wenig außer Atem, „diese riesige Tafel. Aber ich bin sicher, den haben sie nur für das Essen aufgestellt. Ein so großer Tisch im Wohnzimmer ... Ich meine, was soll das? Man hat doch nicht jeden Tag Gäste."

Sie schüttelt den Kopf.

„Nein", sagt sie, „der hat immer da gestanden. Klaus Henning hat mir erzählt, dass er da arbeitet. Er hatte ihn nur leergeräumt. Erinnerst du dich noch an diese Papierstapel auf dem Boden in der Ecke? Er würde gern hier arbeiten, hat er gesagt, mit Blick in den Garten. Links schreibe ich, rechts essen wir, ganz praktisch, hat er gesagt, mit einem Augenzwinkern."

„Ja, das kann schon sein. Er arbeitet ja viel zu Hause, und er hatte hier kein eigenes Zimmer."

Sie nickt.

„Ja, so muss das gewesen sein."

Sie sieht sich wieder um.

„Was noch?", fragt sie. „Was war noch hier?"

Er folgt ihrem Blick.

„Der Sessel, der alte Sessel am Fenster", sagt er. „Du hast dich ab und zu reingesetzt, um dich vom Tanzen auszuruhen. Mein Gott, wir haben sogar getanzt. Genau hier. Unglaublich."

„Ja", sagt sie, „das kann man sich gar nicht mehr vorstellen."

Ihr Blick fällt auf den Boden.

„Hatten sie einen Teppich hier?"

„Nein, ich glaube nicht. Wir haben doch getanzt. Ich

glaube, wir haben auf Holz getanzt."

„Kein Teppich also?"

Er schnalzt mit der Zunge.

„Was weiß ich? Es war doch für ein Fest. Wahrscheinlich hatten sie normalerweise auch einen Teppich. Das ist doch ganz normal."

Er streckt wieder den Arm nach ihr aus.

„Liebling, hör auf. Was soll das? Das hat doch keinen Sinn."

„Lass mich", sagt sie und geht an ihm vorbei. „Ich versuche doch nur, mich zu erinnern."

Sie hält wieder inne.

„Und die Wände? Wie waren die Wände?"

Er zieht seinen Arm zurück und fährt sich mit der Hand über das Kinn.

„So wie jetzt. Wirklich. Ich weiß noch, wie ich zu den Handwerkern gesagt habe: Streichen, genau wie vorher."

Sie nickt, ganz schwach, kommt langsam um das Sofa und setzt sich neben ihn. Er legt seinen Arm um sie.

„Liebling, im Grunde hat sich gar nicht so viel verändert."

„Ja, ich weiß."

„Es war ein Fest damals, das musst du auch bedenken."

„Ja, du hast recht."

Sie rückt näher zu ihm heran.

4

„Sag mal, haben dir Hennings eigentlich irgendwann einmal gesagt, warum sie umziehen?"

„Sie wollten was Größeres, glaube ich. Ist ja auch verständlich. Sie arbeiten beide viel zu Hause."

„Noch etwas? War da noch etwas?"

Er zuckt mit den Schultern.

„Ich glaube, sie wollten auch wieder in die Stadt."

„Du meinst, sie wollten nicht mehr hier draußen wohnen?"

„Soviel ich weiß, war es auch wegen seiner Mutter. Sie kümmern sich um sie."

„Ach so", sagt sie und rutscht langsam auf seinen Schoß.

„Aber sie haben sich hier doch wohl gefühlt?"

„Bestimmt. Sie haben das Haus sehr gemocht. Sonst wäre es ihnen doch egal gewesen, wer das Haus bekommt."

„Ja", sagt sie, „das stimmt."

Sie sieht sich wieder um.

„Was haben wir also noch zu tun?"

„Regale", sagt er, „hier an der Wand entlang."

Er grinst und streicht ihr über das Haar.

„Dann hallt es auch nicht mehr, du wirst sehen. Und Pflanzen. Viele Pflanzen. Erinnerst du dich? Hennings hatten kaum Pflanzen. Ist dir das aufgefallen?"

„Nein", sagt sie, „aber das kann schon sein."

Er legt wieder den Arm um sie.

„Noch etwas? Fällt dir noch etwas ein? Hast du noch einen Wunsch?"

Sie nickt langsam.

„Ja, ich hätte gerne so einen Sessel. Dort, am Fenster."

„Gut, aber ist er da nicht zu weit vom Fernseher weg?"

„Ja, schon, aber einfach um rauszuschauen, in den Garten."

Er zieht die Augenbrauen nach oben.

„Ja, wenn du willst. Warum nicht?"

Sie umarmt ihn und legt ihr Kinn auf seine Schulter.

„Und wenn alles fertig ist, machen wir auch eine Party."

„Ja, das machen wir. Ganz bestimmt."

„Wir können Hennings einladen."

„Ja. Warum nicht?"

Sie sieht über seine Schulter auf das Fenster. Die Sofalehne, drüber zwei Köpfe: sein Hinterkopf, ihr Gesicht.

„Meinst du, sie werden kommen?"

„Ich glaube schon. Bestimmt freuen sie sich, ihre Wohnung wiederzusehen."

Worterklärungen

Nach dem Besuch

KAPITEL 1

S. 5 **aufsperren** — öffnen
hereinfluten — hereinströmen, hereinfallen

KAPITEL 2

S. 6 **abgezogen** (< abziehen) — hier: ohne Bettwäsche
das Laken, - — Betttuch
stopfen — hier: hineinstecken, füllen, bis nichts mehr hineingeht

KAPITEL 3

S. 8 **Touri-Sachen** *(umgangssprachlich)* — Sehenswürdigkeiten, die sich jeder normale Tourist anschaut
S. 9 **jemanden streifen** — jemanden berühren
zur Seite weichen — zur Seite gehen, um jemanden vorbeizulassen

Der Ruf der Tagesfische

KAPITEL 1

S. 11 **zumindest** — wenigstens, mindestens
etwas versäumen — etwas verpassen
überfordert sein — man fühlt sich den Anforderungen nicht gewachsen
die Horde, -n *(umgangssprachlich)* — wilde Menge

	grell	hell leuchtend
	unscheinbar	unauffällig
S. 12	die Kragenweite, -n	Größe eines Hemdes am Hals
	der Lappen, -	Stück Stoff ohne Wert

KAPITEL 2

S. 13	in gewisser Hinsicht	in einer bestimmten Art und Weise
	knauserig	geizig; jemand, der nicht gerne Geld ausgibt
S. 14	sich auflösen	verschwinden
	die Einbildung, -en	etwas, was nur in der Vorstellung existiert
	glotzen	ziellos gucken und dabei nicht besonders intelligent aussehen
	im Grünen	in der Natur
S. 15	taumeln	nicht gerade gehen, schwanken
	mit dem Kater ringen *(umgangssprachlich)*	mit den Nachwirkungen von Alkoholgenuss am Vorabend zu kämpfen haben
	womöglich	vielleicht
	vor sich hin dösen	halb wach sein, halb schlafen
	das Dasein *(Sg.)*	die Existenz
	auf etwas / jemanden (he)reinfallen	sich von etwas / jemandem täuschen lassen

KAPITEL 4

S. 16	der Hocker, -	Stuhl ohne Lehne
	hin und her schwanken	hier: sich zwischen zwei Dingen nicht entscheiden können
S. 17	etwas werten	bewerten, benoten
	heilfroh sein	sehr froh und erleichtert sein
	die Gräte, -n	Fischknochen
	der Seeteufel, -	Name eines flachen Speisefisches

KAPITEL 5

S. 18	die Münzen rattern	die Geldstücke fallen sehr schnell und laut durch
S. 19	die Andeutung, -en	Hinweis, kurze Bemerkung

KAPITEL 6

S. 19	**arglos**	ohne Hintergedanken
	der Verdacht *(Sg.)*	böse Vermutung
	aufkeimen	langsam entstehen
S. 20	**lediglich**	nur
	platzen	hier: nicht stattfinden
	sich täuschen	sich irren
	die Ausrede, -n	Entschuldigung, Ausflucht
	krähen	laut und schrill wie der Hahn schreien

KAPITEL 7

S. 20	**das Schickimicki-Lokal**	ein Lokal, das von Leuten besucht wird, die sich für besonders schick und modern halten
	kreuz und quer	planlos hin und her
S. 21	**sich herausstellen**	sich zeigen, deutlich werden
	mutterseelenallein	völlig allein
	blitzartig	sehr schnell

KAPITEL 8

S. 22	**unweigerlich**	unbedingt, auf jeden Fall
	verpennt *(umgangssprachlich)*	verschlafen
	etwas verschlingen	sehr schnell essen

Ist meine Frau bei Ihnen?

KAPITEL 1

S. 24	**sich räuspern**	durch leises Husten den Hals / die Stimme reinigen
	aufatmen	erleichtert sein
	den Faden aufnehmen	hier: einen Punkt finden, an dem man ansetzen kann

KAPITEL 2

S. 25	der Zuckerrohrschnaps	stark alkoholhaltiges Getränk aus Zuckerrohr
S. 26	die Muschel, -n	im Meer lebende Weichtiere in einer Schale
	die Miesmuschel, -n	essbare, schwarze Muschel mit orangefarbenem Fleisch
	schroff	hart und unfreundlich
S. 27	zerstreut	unkonzentriert

KAPITEL 3

	vorwurfsvoll	anklagend
S. 28	mit den Schultern zucken	die Schultern auf und ab bewegen und damit ausdrücken, dass man etwas nicht weiß
	zu einem Lächeln verziehen	sich in ein Lächeln verwandeln
	der Volltreffer, -	ein Treffer mitten ins Ziel; hier: eine Sache mit großer Wirkung
S. 29	näher rücken	näher kommen

KAPITEL 4

S. 30	zu hoch pokern	zu viel riskieren (z. B. beim Kartenglücksspiel)
	kramen	(herum)suchen
	die Stirn runzeln	die Stirn zusammenziehen

Was war anders?

KAPITEL 1

S. 33	die Sessellehne, -n	Stütze für Rücken oder Arme
S. 34	im Gespräch sein	aktuell sein
	falten	zusammenlegen

KAPITEL 2

S. 34	**der Schoß, ⸚e**	die Oberfläche der Oberschenkel im Sitzen
S. 35	**hallen**	ein Echo bilden
	die Bude, -n *(umgangssprachlich)*	Haus/Wohnung/Zimmer; eigentlich Häuschen aus Holz
	der Kaminsims, -e	der Rand des Kamins
	abschätzend	bewertend
	etwas verrücken	etwas an einen anderen Ort schieben
S. 36	**der Kratzer, -**	sichtbare Spur

KAPITEL 3

S. 36	**der Papierstapel, -**	ein Berg von aufeinanderliegenden Papieren
	das Augenzwinkern *(Sg.)*	heimliches Zeichen mit den Augen
S. 37	**mit der Zunge schnalzen**	mit der Zunge ein kurzes, lautes Geräusch machen
	inne halten	eine Pause machen
	näher (heran)rücken	näher kommen

Übungen

Nach dem Besuch

A Wie heißt das Gegenteil zu folgenden Wörtern? Kreuzen Sie an.

a) *die Tür aufsperren*
   - einsperren
   - zusperren
   - versperren

b) *das Gas ausmachen*
   - zumachen
   - einmachen
   - anmachen

c) *das Kabel ausstecken*
   - einstecken
   - verstecken
   - zustecken

d) *das Bett abziehen*
   - ausziehen
   - verziehen
   - beziehen

B Welches Substantiv passt in den folgenden Ausdrücken nicht? Kreuzen Sie an.

a) Was kann man nicht *aufsperren*?
   - den Mund
   - die Hände
   - die Tür
   - die Ohren

b) Was kann nicht *hereinfluten*?
   - die Menge
   - der Baum
   - das Wasser
   - der Lärm

c) Was kann man nicht *aufsetzen*?
   - einen Film
   - einen Hut
   - Kaffeewasser
   - einen Topf

d) In was kann man nichts *stopfen*?
   - in einen Kofferraum
   - in eine Waschmaschine
   - in ein Loch
   - in einen Gedanken

C Was bedeuten folgende Ausdrücke?

a) *jemandem den Mund stopfen*
- jemandem sehr viel zu essen geben
- jemanden zum Schweigen bringen
- jemandem einen Kuss geben

b) *jemandem reinen Wein einschenken*
- jemandem einen guten Wein anbieten
- jemandem eine kleine Lüge erzählen
- jemandem die Wahrheit sagen

D Das Adverb *eben* hat verschiedene Bedeutungen. Welche Bedeutung hat es in dem Satz „*Eben*, komm lieber jetzt."? Kreuzen Sie an.

- genau
- gerade in diesem Augenblick
- knapp
- einfach
- schnell einmal

E Welche Bedeutung hat *eben* in folgenden Sätzen?

a) Die Chefin ist *eben* zur Tür hereingekommen.
- schnell einmal
- gerade in diesem Augenblick
- knapp

b) Kannst du mir *eben* mal helfen?
- schnell einmal
- genau
- knapp

c) Tom sagt: „Wenn wir uns jetzt nicht verabreden, vergehen wieder ein paar Monate." Der Erzähler antwortet: „*Eben*, lass uns heute Abend essen gehen."
- gerade in diesem Augenblick
- genau
- einfach

d) Fast hätte sie den Zug verpasst. Sie hat ihn *eben* noch erreicht.

   ▪ einfach   ▪ knapp   ▪ schnell einmal

e) Die gegnerische Mannschaft hat das Spiel gewonnen, weil sie *eben* mehr Glück hatte.

   ▪ einfach   ▪ genau   ▪ gerade in diesem Augenblick

F Finden Sie ein Synonym für folgende Ausdrücke.

a) *zur Seite weichen*
   ▪ einweichen   ▪ ausweichen
   ▪ abweichen

b) *Der Boden weicht mir unter den Füßen.*
   ▪ Ich verliere den Halt.   ▪ Der Boden bewegt sich.

c) *Das Blut wich aus seinem Gesicht.*
   ▪ Er wurde feuerrot.   ▪ Er wurde sehr blass.

Der Ruf der Tagesfische

KAPITEL 1 und 2

A Wie heißt das Gegenteil?

a) überfordert
   ▪ gefordert   ▪ unterfordert   ▪ befördert

b) unscheinbar
   ▪ grau   ▪ groß   ▪ auffallend

c) zerstreut
   ▪ angestrengt   ▪ konzentriert   ▪ locker

d) knauserig
   ▪ großzügig   ▪ gleichgültig   ▪ sparsam

B Richtig oder falsch? Markieren Sie: R = richtig, F = falsch.

- a) Der Erzähler fühlt sich den Verkäuferinnen beim Shoppen nicht gewachsen.
- b) Seine Freundinnen finden, dass er beim Einkaufen zu ungeduldig ist.
- c) Er beneidet die anderen Männer, die ihre Frauen und Freundinnen beim Shoppen begleiten.
- d) Die Freundinnen halten ihn für geizig, wenn er billige Sachen lobt.
- e) Eine Freundin lässt ihn sogar stehen, als er im Schuhladen die Schuhe lobt, mit denen sie gekommen ist.

KAPITEL 3 und 4

C Was bedeuten folgende Wörter und Ausdrücke? Kreuzen Sie an.

- a) die Einbildung
  - die falsche Vorstellung
  - die richtige Vorstellung
- b) glotzen
  - aufmerksam gucken
  - ziellos gucken
- c) sich kümmern um
  - sich beschäftigen mit
  - sich aufregen über
- d) verschwommen
  - deutlich
  - undeutlich
- e) vor sich hin dösen
  - tief schlafen
  - halb wach sein, halb schlafen
- f) reinfallen auf
  - sich täuschen lassen
  - ins Wasser fallen

D Richtig oder falsch? Markieren Sie: R = richtig, F = falsch.

- a) Der Erzähler unternimmt fast jedes Wochenende einen Ausflug.
- b) Er will am Samstag am liebsten alleine wegfahren.
- c) Aber die Wirklichkeit sieht anders aus.
- d) Der Erzähler verbringt das Wochenende allein in der Natur.
- e) Viel lieber wäre er zu Hause geblieben.
- f) Er trifft sich gerne mit Freunden in der „Haifischbar".
- g) Dort sind er und sein guter Freund mit sich und der Welt zufrieden.

KAPITEL 5 und 6

E Wie heißen die Infinitive folgender Verben im Präteritum?

a) fiel auf _____
b) ließ _____
c) stritt _____
d) ergab _____
e) stand _____
f) bezog _____
g) saß _____

F Was für Unterschiede gibt es Ihrer Meinung nach zwischen „Männerfreundschaften" und „Frauenfreundschaften"?

G Worin besteht das Samstagsglück des Erzählers? Schreiben Sie Stichworte auf.

H Was bedeuten die folgenden Wörter?

a) geistesabwesend
   - verrückt
   - unaufmerksam
   - wild

b) wesentlich
   - wirklich
   - unwirklich
   - wichtig

c) die Andeutung
   - der Hinweis
   - die Hingabe
   - die Eingabe

d) fragil
   - brüderlich
   - labil
   - debil

e) keineswegs
   - nirgendwo
   - gleichfalls
   - absolut nicht

f) arglos
   - ohne Scheu
   - ohne Hintergedanken
   - ohne Schmerz

g) aufkeimen
   - wachsen
   - glühen
   - blühen

KAPITEL 7 und 8

I Richtig oder falsch? Markieren Sie: R = richtig, F = falsch.

a) Der Erzähler findet die Portionen in dem Schickimicki-Lokal zu groß.
b) Die Freundin seines Freundes will ständig von ihm hören, wie toll die Küche hier ist.
c) Nach und nach treffen alle Freunde des geplatzten Ausfluges ein.
d) Der Erzähler lädt alle gerne ein.
e) Nach dem Essen versucht der Erzähler, wegzukommen.
f) Leider hat er keinen Hunger mehr, als er am Markt vorbeikommt.
g) An der Bar trifft er seinen Freund, der gerade eine Dorade isst.
h) Der Freund lädt ihn zum Essen ein.

J Vervollständigen Sie folgende Ausdrücke.

a) kreuz und _____
b) auf und _____
c) hin und _____
d) hoch und _____
e) rein und _____

Ist meine Frau bei Ihnen?

KAPITEL 1

A Warum ruft Herr Paulen bei Mark Rotter an und fragt nach seiner Frau?

- a) Weil er weiß, dass sie da ist.
- b) Weil er vermutet, dass sie da ist.

B Was bedeuten folgende Ausdrücke mit dem Wort *Faden*?

a) einen Faden aufnehmen
   - einen Punkt finden, an dem man beginnen kann
   - einen Punkt finden, an dem man aufhören kann

b) den Faden verlieren
   - keine Lust mehr haben
   - nicht mehr weiterwissen

c) wie ein roter Faden
   - wie eine Gefahr
   - wie eine Leitlinie

d) an einem seidenen Faden hängen
   - sehr unsicher sein
   - sehr schön sein

e) Hier laufen alle Fäden zusammen.
   - Von hier aus wird alles geleitet.
   - Hier ist das Chaos.

KAPITEL 1–3

C Wie heißen die Infinitivformen folgender Verben im Präteritum?

a) schwieg
b) schien
c) fiel … ein
d) kniff
e) biss
f) verzog
g) schloss
h) sah

KAPITEL 2–4

D In der Wendung „Ja, sagte Paulen schroff." bedeutet das Wort *schroff* „unfreundlich". In welchem Zusammenhang wird *schroff* sonst gebraucht?

- a) schroffer See
- b) schroffe Felsen
- c) schroffer Himmel

E Was bedeutet: *Mit den Schultern zucken*?

- a) Zustimmung ausdrücken
- b) Ablehnung ausdrücken
- c) ausdrücken, dass man etwas nicht weiß

F Was bedeutet: *Sein Mund verzog sich zu einem Grinsen*?

- a) Er wurde ernst.
- b) Er begann zu lächeln.
- c) Er machte eine Fratze.

G Warum macht Mark Rotter gegenüber Herrn Paulen einen Fehler, als er sagt, dass Marlene Miesmuscheln gekauft hat?

H Lesen Sie, nachdem Sie den ganzen Text gelesen haben, noch einmal Aufgabe A. Wie lautet Ihre Antwort jetzt?

Was war anders?

A Richtig oder falsch? Markieren Sie: R = richtig, F = falsch.

- a) Das Paar ist umgezogen.
- b) Die vorigen Bewohner heißen Heinrichs.
- c) Der Mann versucht zu verstehen, was seine Frau an der Wohnung anders findet.
- d) Beide haben sich sehr darüber gefreut, die Wohnung angeboten zu bekommen.
- e) Der Mann war besonders vom Kamin begeistert.
- f) Die Frau vermisst jetzt Leben und Intensität in der Wohnung.
- g) Der Mann schlägt vor, die Möbel zu verrücken.
- h) Die Frau lässt nicht locker und sucht weiter nach Unterschieden.
- i) Schließlich will sie wissen, warum die vorigen Bewohner umgezogen sind.
- j) Beide wollen keine Einweihungsparty machen.

B Richtig oder falsch? Was stand bei den vorigen Bewohnern woanders? Markieren Sie: R = richtig, F = falsch.

- a) das Sofa
- b) der Kamin
- c) der Tisch
- d) der Sessel
- e) der Fernseher

C Kennen Sie Synonyme für folgende Wörter?

- a) der Raum _____
- b) der Korridor _____
- c) Liebling _____
- d) das Essen _____
- e) aufgeregt _____
- f) die Chance _____
- g) die Party _____
- h) so ungefähr _____

D Wie heißen die Präpositionen zu folgenden Verben?

a) aufblicken _____ jemandem / etwas
b) sich erinnern _____ jemanden / etwas
c) _____ jemanden / etwas zugehen
d) sich umdrehen _____ jemandem / etwas

E Wie heißt das Gegenteil zu folgenden Verben?

a) den Kopf schütteln _____
b) sich zurücklehnen _____
c) aufgeregt sein _____
d) innehalten _____
e) jemanden einladen _____

F Was meinen Sie? Warum will die Frau unbedingt herausfinden, was vorher anders war?

Lösungen

Nach dem Besuch

A a) zusperren
b) anmachen
c) einstecken
d) beziehen

B a) die Hände
b) der Baum
c) einen Film
d) in einen Gedanken

C a) jemanden zum Schweigen bringen
b) jemandem die Wahrheit sagen

D genau

E a) gerade in diesem Augenblick
b) schnell einmal
c) genau
d) knapp
e) einfach

F a) ausweichen
b) Ich verliere den Halt.
c) Er wurde sehr blass.

Der Ruf der Tagesfische

A a) unterfordert
b) auffallend
c) konzentriert
d) großzügig

B a) richtig
b) falsch
c) falsch
d) richtig
e) richtig

C a) die falsche Vorstellung
b) ziellos gucken
c) sich beschäftigen mit
d) undeutlich
e) halb wach sein, halb schlafen
f) sich täuschen lassen

D a) falsch
b) richtig
c) richtig
d) falsch
e) richtig
f) falsch
g) richtig

E a) auffallen
b) lassen
c) streiten
d) ergeben
e) stehen
f) beziehen
g) sitzen

F *freie Lösung*

G *Lösungsvorschlag*
Ausschlafen, Zeitung kaufen, bis mittags lesen, sich mit einem Freund verabreden, in die „Haifischbar" auf dem Markt essen gehen und glücklich sein, …

H a) unaufmerksam
b) wichtig
c) der Hinweis
d) labil
e) absolut nicht
f) ohne Hintergedanken
g) wachsen

I
a) falsch
b) richtig
c) richtig
d) falsch
e) richtig
f) falsch
g) falsch
h) richtig

J
a) kreuz und *quer*
b) auf und *ab*
c) hin und *her*
d) hoch und *runter*
e) rein und *raus*

Ist meine Frau bei Ihnen?

A b) Weil er vermutet, dass sie da ist.

B
a) einen Punkt finden, an dem man beginnen kann
b) nicht mehr weiterwissen
c) wie eine Leitlinie
d) sehr unsicher sein
e) von hier aus wird alles geleitet

C
a) schweigen
b) scheinen
c) einfallen
d) kneifen
e) beißen
f) verziehen
g) schließen
h) sehen

D b) schroffe Felsen

E c) ausdrücken, dass man etwas nicht weiß

F b) Er begann zu lächeln.

G Weil Marlene ihren Mann gebeten hatte, die Miesmuscheln zu kaufen.

Was war anders?

A
a) richtig
b) falsch
c) richtig
d) richtig
e) falsch
f) richtig
g) falsch
h) richtig
i) richtig
j) falsch

B
a) richtig
b) falsch
c) richtig
d) richtig
e) falsch

C
a) das Zimmer
b) der Flur
c) Schatz / Schätzchen
d) die Mahlzeit
e) nervös
f) die Möglichkeit
g) das Fest
h) zirka / mehr oder weniger

D
a) aufblicken von etwas, aufblicken zu jemandem / etwas
b) sich erinnern an jemanden / etwas
c) auf jemanden / etwas zugehen
d) sich umdrehen zu / nach jemandem / etwas

E
a) (mit dem Kopf) nicken
b) sich vorbeugen / sich vorlehnen
c) ruhig sein
d) weitermachen
e) jemanden ausladen

F *freie Lösung*